A B C FRANÇAIS.

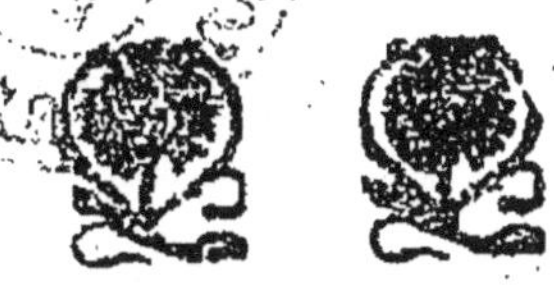

A VIC,
Chez R. GABRIEL,
Imprimeur-Libraire.

CHARLES-AUGUSTE-MARIE-JOSEPH DE FORBIN-JANSON, par la Miséricorde divine et l'autorité du saint Siége Apostolique, Evêque de Nancy et Toul,

Le Sr GABRIEL, Imprimeur-Libraire à Vic, ayant soumis à notre examen un Livre intitulé : *A B C français;* Nous n'y avons rien trouvé qui puisse en empêcher l'impression et la publication.

Donné à Nancy, sous le seing d'un de nos Vicaires généraux, le 10 août 1824.

Signé BRION, *Vic. gén.*

Lettres Capitales ou Majuscules.

✠ A B C D E F G H I J K L M N O P Q R S T U V X Y Z.

✠ A a b c d e f g h i j k l m n o p q r s t u v x y z.

✠ *A B C D E F G H I J K L M N O P Q R S T U V X Y Z.*

✠ *a b c d e f g h i j k l m n o p q r s t u v x y z.*

Lettres accentuées.

â ê î ô û. é. à è ì ò ù. ë ï ü.

Doubles Lettres.

æ œ w fi ff ffi fl ffl.

Chiffres ou Marques arithmétiques.

1 2 3 4 5 6 7 8 9 10 11 12

Syllabes de deux Lettres.

Ba	be	bi	bo	bu.
Ca	ce	ci	co	cu.
Da	de	di	do	du.
Fa	fe	fi	fo	fu.
Ga	ge	gi	go	gu.
Ha	he	hi	ho	hu.
Ja	je	ji	jo	ju.
La	le	li	lo	lu.
Ma	me	mi	mo	mu.
Na	ne	ni	no	nu.
Pa	pe	pi	po	pu.
Qua	que	qui	quo	quu.
Ra	re	ri	ro	ru.
Sa	se	si	so	su.
Ta	te	ti	to	tu.
Va	ve	vi	vo	vu.
Xa	xe	xi	xo	xu.
Za	ze	zi	zo	zu.

L'ORAISON DOMINICALE.

NOTRE Père qui êtes aux cieux : que votre nom soit sanctifié : que votre règne arrive : que votre volonté soit faite sur la terre comme dans le ciel. Donnez-nous aujourd'hui notre pain de chaque jour; et pardonnez-nous nos offenses, comme nous pardonnons à ceux qui nous ont offensés; et ne nous laissez point succomber à la tentation, mais délivrez-nous du mal. Ainsi soit-il.

LA SALUTATION ANGÉLIQUE.

JE vous salue, MARIE, pleine de grâce, le Seigneur est avec vous, vous êtes bénie entre toutes les femmes, et JÉSUS, le fruit de vos entrailles est béni. Sainte MARIE, Mère de Dieu, priez pour nous, pauvres pécheurs, maintenant et à l'heure de notre mort. Ainsi soit-il.

LE SYMBOLE DES APÔTRES.

JE crois en Dieu le Père tout-puissant, Créateur du ciel et de la terre; et en JÉSUS-CHRIST son Fils unique, notre Seigneur; qui a été conçu du saint Esprit; né de la Vierge MARIE; qui a souffert sous Ponce-Pilate; qui a été crucifié, mort et enseveli; est descendu aux enfers; le troisième jour est ressuscité des morts; qui est monté aux cieux; qui est assis à la droite de Dieu le Père tout-puissant : de-là il viendra juger les vivans et les morts.

Je crois au saint Esprit; la sainte Eglise catholique, la communion des Saints, la rémission des péchés, la résurrection de la chair, la vie éternelle. Ainsi soit-il.

LA CONFESSION DES PÉCHÉS.

JE me confesse à Dieu tout-puissant, à la bienheureuse MARIE, toujours Vierge, à S. Michel, Archange, à saint Jean-Baptiste, aux saints Apôtres Pierre et Paul, à tous les Saints, et à vous, mon Père, de tous les péchés que j'ai commis en pensées, paroles et œuvres; par ma faute, par ma propre faute, par ma très-grande faute. C'est pourquoi je prie la bienheureuse MARIE, toujours Vierge, saint Michel, Archange, saint Jean-Baptiste, les saints Apôtres Pierre et Paul, tous les Saints, et vous, mon Père, de prier pour moi envers le Seigneur notre Dieu. Ainsi soit-il.

Les dix Commandemens de Dieu.

1 UN seul Dieu tu adoreras,
Et aimeras parfaitement.
2 Dieu en vain tu ne jureras,
Ni autre chose pareillement.
3 Les Dimanches tu garderas.
En servant Dieu dévotement.
4 Tes Père et Mère honoreras,
Afin que tu vives longuement.
5 Homicide point ne seras,
De fait ni volontairement.
6 Luxurieux point ne seras,
De corps ni de consentement.
7 Le bien d'autrui tu ne prendras,
Ni retiendras à ton escient.
8 Faux témoignage ne diras,
Ni mentiras aucunement.

9 L'œuvre de chair ne désireras,
Qu'en mariage seulement.
10 Biens d'autrui ne convoiteras,
Pour les avoir injustement.

Les Commandemens de l'Eglise.

1 LES Fêtes tu sanctifieras,
Qui te sont de commandement.
2 Les Dimanches Messe ouïras,
Et les Fêtes pareillement.
3 Tous tes péchés confesseras,
A tout le moins une fois l'an.
4 Ton Créateur tu recevras,
Au moins à Pâques humblement.
5 Quatre-temps, Vigiles jeûneras
Et le Carême entièrement.
6 Vendredi chair ne mangeras,
Ni le Samedi mêmement.

ACTE DE FOI.

MON Dieu, je crois fermement tout ce que votre Eglise croit et enseigne; je le crois, parce que vous l'avez révélé, et que vous êtes la souveraine vérité, qui ne pouvez vous tromper ni nous tromper.

ACTE D'ESPÉRANCE.

MON Dieu, j'espère de votre bonté infinie, qu'en vue des mérites de notre Seigneur Jésus-Christ, vous m'accorderez la vie éternelle et les grâces nécessaires pour y parvenir.

ACTE DE CHARITÉ.

MON Dieu, je vous aime par-dessus toutes choses, parce que vous êtes infiniment parfait, infiniment aimable; et j'aime mon prochain comme moi-même, par rapport à vous.

ACTE DE CONTRITION.

MON Dieu, j'ai un très-grand regret de vous avoir offensé, parce que le péché déplaît à votre infinie bonté : je fais une ferme résolution d'éviter le péché et toutes les occasions qui pourraient m'y faire tomber; je vous en demande très-humblement la grâce, et celle d'en faire une véritable et sincère pénitence.

Les sept Sacremens de l'Eglise.

BAPTÊME. Confirmation, Pénitence, Eucharistie, Extrême-Onction, Ordre et Mariage.

Bénédiction avant le Repas.

LE Seigneur Dieu, et la puissance de notre Seigneur Jésus-Christ nous bénisse, et les choses que nous allons prendre. Au nom du Père, et du Fils, et du saint Esprit.

Ainsi soit-il.

Actions de Grâces après le repas.

NOUS vous rendons grâces, Seigneur, Roi tout-puissant, de tous vos bienfaits, qui vivez et régnez à tout jamais. Bénissons le Seigneur, rendons grâces à Dieu. Prions Dieu que les âmes des fidèles trépassés, par sa miséricorde, soient en repos éternel. Ainsi soit-il.

Aussi prions Dieu que nous vivions et reposions en paix. Dieu nous donne sa paix, et après la mort la vie éternelle. Ainsi soit-il.

Béni soit le ventre de la Vierge MARIE, qui a porté le Fils du Père éternel. Ainsi soit-il.

LES SEPT PSAUMES DE LA PÉNITENCE.

Psaume 6.

SEIGNEUR, ne me reprenez pas en votre fureur, et ne me punissez pas dans votre colère.

Ayez pitié de moi, Seigneur, car je languis de faiblesse; guérissez-moi, Seigneur, parce que mes os sont ébranlés.

Mon âme est toute saisie de trouble : mais vous, Seigneur, jusqu'à quand me laisserez-vous en cet état?

Tournez-vous vers moi, Seigneur, et délivrez mon âme; sauvez-moi en considération de votre miséricorde.

Car il n'y a personne qui se souvienne de vous dans la mort; et qui est celui qui vous louera en enfer?

Je me suis épuisé à force de soupirer; je laverai toutes les nuits mon lit de mes pleurs; j'arroserai de mes larmes le lieu où je me suis couché.

Mon œil a eté troublé de fureur; je suis devenu vieux au milieu de tous mes ennemis.

Retirez-vous de moi, vous tous qui commettez l'iniquité; parce que le Seigneur a exaucé la voix de mes larmes.

Le Seigneur a exaucé l'humble supplication que je lui ai faite; le Seigneur a agréé ma prière.

Que tous mes ennemis rougissent et soient remplis de trouble et saisis d'une extrême frayeur; qu'ils se retirent très-promptement; et qu'ils soient couverts de confusion.

Gloire soit au Père, &c.

Psaume 31.

HEUREUX sont ceux à qui les iniquités ont été remises, et dont les péchés sont couverts.

Heureux est l'homme à qui le Seigneur n'a imputé aucun péché, et dans l'esprit duquel il n'y a point de déguisement.

Parce que je me suis tu, mes os ont vieilli et perdu leur force, tandis que je criais tout le jour.

Car votre main s'est appesantie sur moi durant le jour et la nuit, et toute ma vigueur s'est desséchée comme l'herbe durant l'été.

Je vous ai fait connaître mon péché, et je n'ai point caché davantage mon injustice.

J'ai dit : Je déclarerai au Seigneur et confesserai contre moi-même mon injustice, et vous m'avez aussitôt remis l'impiété de mon péché.

C'est pour cette raison que tout homme saint vous adressera ses prières dans le temps qui est propre et favorable.

Néanmoins quand les grandes eaux inonderaient comme dans un déluge, elles n'approcheront pas de lui.

Vous êtes mon refuge contre la tribulation qui m'environne ; délivrez-moi de tous ceux qui m'affligent, vous qui êtes ma joie.

Je vous donnerai l'entendement, et je vous enseignerai la voie par laquelle vous marcherez ; j'aurai oujours les yeux attachés sur vous.

Ne soyez point comme le cheval ou le mulet, qui sont sans raison.

Resserrez avec les mords et la bride la bouche de ceux qui ne veulent pas s'approcher de vous.

Les pécheurs seront frappés de plusieurs fléaux ; mais celui qui espère au Seigneur sera environné de miséricorde.

Réjouissez-vous au Seigneur, et tressaillez de joie, vous, Justes, et lui rendez gloire, vous qui êtes droits de cœur.

Gloire soit au Père, &c.

Psaume 37.

SEIGNEUR, ne me reprenez pas en votre fureur, et ne me châtiez en votre colère.

Car j'ai été percé de vos flèches ; et votre main m'a fait de profondes plaies.

A la vue de votre colère il n'est rien resté de sain dans ma chair ; et à la vue de mes péchés, il n'y a aucune paix dans mes os.

Car mes iniquités ont surmonté

ma tête, et comme un pesant fardeau se sont appesanties sur moi.

La pourriture et la corruption se sont formées dans mes plaies, à cause de mon extrême folie.

Je suis devenu misérable et tout courbé : je marchais accablé de tristesse durant tout le jour.

Parce que mes reins ont été remplis d'illusions, et qu'il n'y a dans ma chair aucune partie qui soit saine.

J'ai été affligé et je suis tombé dans la dernière humiliation, et le gémissement secret de mon cœur me faisait pousser au-dehors des rugissemens.

Vous les voyez, Seigneur, ces soupirs de mon âme; et mes gémissemens ne vous sont pas inconnus.

Mon âme est agitée de troubles; toute ma force m'a quittée, et la lumière de mes yeux n'est plus avec moi.

Mes amis et mes proches se sont élevés et déclarés contre moi.

Ceux qui étaient auprès de moi, s'en sont tenus éloignés, et ceux qui cherchaient à m'ôter la vie, usaient de violence à mon égard.

Ceux qui cherchaient à m'accabler de maux, tenaient des discours pleins de vanité et de mensonge, et ne pensaient qu'à des tromperies durant tout le jour.

Mais pour moi, je ne les écoutais non plus que si j'eusse été sourd, et je n'ouvrais non plus la bouche que si j'eusse été muet.

Je suis devenu semblable à un homme qui n'a point d'oreilles, et qui n'a point dans sa bouche de quoi répliquer.

Parceque j'ai espéré en vous. Seigneur, c'est vous qui m'exaucerez, Seigneur mon Dieu.

Parce que je vous ai demandé que vous ne permissiez pas que je devinsse la fable et le jouet de mes ennemis, eux qui, ayant vu mes pieds ébranlés, ont commencé à parler contre moi avec orgueil et avec insolence.

Parce que je suis préparé à souffrir tous les châtimens, et que ma douleur est continuellement devant mes yeux.

Parce que je déclarerai mon iniquité, et que je serai toujours occupé de mon péché.

Mes ennemis cependant sont vivans et pleins de joie; ils se sont fortifiés de plus en plus contre moi, et leur nombre s'est beaucoup accru.

Ceux qui me rendent le mal pour le bien qu'ils ont reçu, me déchiraient par leurs médisances, à cause que je m'attachais au bien.

Ne m'abandonnez pas, Seigneur mon Dieu, ne vous retirez pas de moi.

Songez promptement à me secourir, Seigneur, vous, mon Dieu, de qui dépend mon salut. Gloire, &c.

Psaume 50.

AYEZ pitié de moi, ô mon Dieu! selon votre grande miséricorde.

Daignez effacer mon péché selon la grandeur et la multitude de vos bontés.

Lavez-moi de plus en plus de mon crime, et purifiez-moi de mon iniquité.

Je la reconnais cette iniquité, et je me la reproche à toute heure.

Vous seul avez été témoin de mon crime ; devant vous seul je l'ai commis ; je l'avoue, afin que vous soyez reconnu fidèle dans vos promesses, irréprochable dans vos jugemens.

Vous savez que j'ai été engendré dans l'iniquité, et que j'ai été conçu dans le péché dès le ventre de ma mère.

Vous voulez que l'on vous serve du fond du cœur; pour cela, vous m'avez instruit des mystères de votre sagesse.

Purifiez-moi donc avec l'hyssope, et je serai pur : lavez-moi, et je deviendrai plus blanc que la neige.

Faites-moi entendre une parole de joie et de consolation ; et mes os abattus tressailliront d'alégresse.

Détournez la vue de mes offenses, et effacez-les toutes pour jamais.

Créez en moi un cœur pur, ô mon Dieu ! et réveillez dans mon sein cet esprit de droiture, dans lequel je marchais autrefois.

Ne me rejetez point de votre présence, et ne retirez pas de moi votre Esprit saint.

Rendez-moi la joie de votre assistance salutaire, et par votre esprit de force affermissez-moi.

J'enseignerai vos voies aux pécheurs et les impies retourneront à vous.

O Dieu! ô Dieu mon Sauveur! délivrez-moi des remords que me causent mes actions sanguinaires, et ma langue publiera avec joie votre justice.

Vous ouvrirez mes lèvres, Seigneur, et ma bouche annoncera vos louanges.

Si vous exigiez des sacrifices, je vous en offrirais; mais vous êtes peu touché des holocaustes.

Le sacrifice que Dieu désire, c'est une âme pénétrée de douleur; ne rejetez pas, ô mon Dieu! un cœur contrit et humilié.

Que mes péchés, Seigneur, n'arrêtent pas vos bontés sur Sion; faites que nous puissions bâtir les murs de Jérusalem.

Alors les sacrifices de justice, les

offrandes et les holocaustes vous seront agréables; alors on chargera vos autels de victimes.

Psaume 101.

SEIGNEUR, écoutez ma prière, et que mes cris viennent jusqu'à vous.

Ne détournez point votre face de moi; mais prêtez-moi votre oreille quand je serai pressé d'angoisses.

Et m'accordez ma supplication aussitôt que je vous invoquerai.

Car mes jours s'en sont allés comme la fumée, et mes os se sont séchés comme un foyer.

Mon cœur est devenu sec comme le foin qui est abattu et remué; car je n'ai pas eu soin de prendre ma nourriture.

Mes os tiennent à ma chair, par mes continuels gémissemens.

Je suis devenu comme le pélican qui cherche la solitude; comme le hibou qui se tient dans les lieux écartés.

J'ai veillé et me suis trouvé semblable au passereau solitaire sous un toit.

Car mes ennemis me faisaient des reproches chaque jour, et ceux qui triomphent de moi, jurent contre moi et me maudissent.

C'est pourquoi j'ai mangé mon pain comme la cendre, et mon boire a été mêlé de larmes.

Par un effet de votre juste colère, vous m'avez renversé par terre après m'avoir élevé.

Mes jours se sont évanouis comme l'ombre, et je suis devenu sec comme l'herbe.

Mais vous, Seigneur, vous durerez éternellement; et la mémoire de votre nom passera de génération en génération.

Vous vous éleverez et aurez pitié de Sion; car le temps destiné pour la secourir est arrivé.

Et vos serviteurs désirent voir ses pierres élevées, et ont pitié de la voir encore en poussière.

Les peuples craindront votre nom, Seigneur; et tous les rois de la terre, votre Majesté.

Quand le Seigneur aura édifié Sion

il apparaîtra dans sa gloire.

Il aura égard à la prière des humbles, et il ne méprisera pas leurs demandes.

Cela sera écrit pour la postérité; et le peuple qui naîtra après, louera Dieu.

Parce que du haut de son Trône saint il a jeté les yeux sur nous; le Seigneur a, du haut du ciel, regardé la terre.

Pour ouïr les pleurs des captifs, et délivrer ceux qui étaient destinés à la mort.

Afin que l'on célèbre le nom du Seigneur en Sion, et sa louange en Jérusalem.

Alors les peuples et les rois se joindront ensemble pour servir le Seigneur.

Chacun d'eux étant encore en sa présence, dit à Dieu: révélez-moi le petit nombre de mes jours.

Et j'ai dit: Mon Dieu, ne m'ôtez pas au milieu de mon âge: mais que je participe de vos ans qui sont éternels.

Vous avez formé la terre dès le commencement; et les cieux sont l'ouvrage de vos mains.

Ils périront, et vous serez permanent; et tous vieilliront comme un vêtement.

Et seront changés comme un manteau quand vous les voudrez changer; mais vous serez toujours le même et vos ans n'auront point de fin.

Les enfans de vos serviteurs seront permanens, et leur postérité demeurera devant vous.

Gloire soit au Père, &c.

Ant. Seigneur, souvenez-vous de moi, et ne tirez pas vengeance des péchés que j'ai commis contre vous; et ne vous ressouvenez point de mes fautes ni de celles de mes proches.

F I-N.

VIC, IMPRIMERIE DE R. GABRIEL.

www.ingramcontent.com/pod-product-compliance
Lightning Source LLC
Chambersburg PA
CBHW061800040426
42447CB00011B/2396

* 9 7 8 2 0 1 9 4 9 0 4 4 7 *